BILBO
JEUNESSE

Premier mariage pour
Momo de Sinro

Du même auteur

Jeunesse

SÉRIE MOMO

Premier boulot pour Momo de Sinro, Québec Amérique, 1998.
Premier trophée pour Momo de Sinro, Québec Amérique, 2000.
Première blonde pour Momo de Sinro, Québec Amérique, 2001.
Première enquête pour Momo de Sinro, Québec Amérique, 2002.
Premier voyage pour Momo de Sinro, Québec Amérique, 2003.
Premier rôle pour Momo de Sinro, Québec Amérique, 2005.

Pince-nez, le crabe en conserve, Pierre Tisseyre, 1999.
Petit héros dit ses premiers mots, ill. Marc Mongeau, Les 400 coups, 2002.
Petit héros fait ses premiers pas, ill. Marc Mongeau, Les 400 coups, 2003.
Le Nul et la Chipie, ill. Anne Villeneuve, Soulières Éditeur, 2004.
Petit héros fait ses premières dents, ill. Marc Mongeau, Les 400 coups, 2004.
Petit héros fait pipi comme les grands, ill. Marc Mongeau, Les 400 coups, 2004.
Les Pas de mon papa, ill. Marc Mongeau, Éditions Imagine, 2005.
La Fatigante et le fainéant, Soulières Éditeur, 2006.
Les Mains de ma maman, ill. Marc Mongeau, Éditions Imagine, 2006.

Adulte

Agénor, Agénor, Agénor et Agénor, Les Quinze, 1981.
La Tribu, Libre Expression, 1981.
Ville-Dieu, Libre Expression, 1983.
Aaa, Aâh, Ha ou les amours malaisées, L'Hexagone, 1986.
Les Plaines à l'envers, Libre Expression, 1989.
Nulle Part au Texas, Libre Expression, 1989.
Je vous ai vue, Marie, Libre Expression, 1990.
Ailleurs en Arizona, Libre Expression, 1991.
Le Voyageur à six roues, Libre Expression, 1991.
Pas tout à fait en Californie, Libre Expression, 1992.
Moi, les parapluies... Libre Expression, 1994.
Vie de Rosa, Libre Expression, 1996.
Vie sans suite, Libre Expression, 1997.
Cadavres, Gallimard (Série Noire), 1998.
Tant pis, VLB Éditeur, 2000.
Chiens sales, Gallimard (Série Noire), 2000.
J'enterre mon lapin, VLB Éditeur, 2001.
L'ennui est une femme à barbe, Gallimard (Série Noire), 2001.
Route barrée en Montérégie, Libre Expression, 2003.
Bossalo, XYZ, 2005.
Bonheur tatol, XYZ, 2006.

NOUVELLES

Longues histoires courtes, Libre Expression, 1992.
Rire noir, XYZ, 2004.

ESSAIS

Écrire en toute liberté, Éditions Trois-Pistoles, 2001.
Carnets de campagne, ill. Jean-Paul Ladouceur, Les Heures Bleues, 2002.

Site Internet de l'auteur : www.barcelo.ca

Premier mariage pour Momo de Sinro

FRANÇOIS BARCELO

QUÉBEC AMÉRIQUE jeunesse

Catalogage avant publication de Bibliothèque et Archives Canada

Barcelo, François
Premier mariage pour Momo de Sinro
(Momo de Sinro ; 8)
(Bilbo ; 161)
ISBN 978-2-7644-0543-7
I. Titre. II. Collection: Barcelo, François. Momo de Sinro ; 8.
III. Bilbo jeunesse ; 161.
PS8553.A761P78 2007 jC843'.54 C2006-941832-2
PS9553.A761P78 2007

Conseil des Arts du Canada Canada Council for the Arts

SODEC Québec

Nous reconnaissons l'aide financière du gouvernement du Canada par l'entremise du Programme d'aide au développement de l'industrie de l'édition (PADIÉ) pour nos activités d'édition.

Gouvernement du Québec – Programme de crédit d'impôt pour l'édition de livres – Gestion SODEC.

Les Éditions Québec Amérique bénéficient du programme de subvention globale du Conseil des Arts du Canada. Elles tiennent également à remercier la SODEC pour son appui financier.

Québec Amérique
329, rue de la Commune Ouest, 3e étage
Montréal (Québec) H2Y 2E1
Téléphone: 514 499-3000, télécopieur: 514 499-3010

Dépôt légal: 1er trimestre 2007
Bibliothèque nationale du Québec
Bibliothèque nationale du Canada

Révision linguistique: Diane Martin
Mise en pages: Andréa Joseph [PageXpress]

www.quebec-amerique.com

Imprimé au Canada

Un chef des pompiers qui livre le journal ?

Momo vient d'entendre la porte de la maison se fermer doucement, presque sans bruit. Quelqu'un est entré. Qui ça peut-il être ? Il regarde l'heure à son réveil : sept heures et demie.

Il a envie de se lever pour aller voir qui c'est. Et ça tombe bien, parce que c'est justement l'heure de se lever pour se rendre à l'école.

Il va d'abord à la fenêtre. La voiture de monsieur Laliberté est dans l'entrée, à côté de la maison, à l'endroit où serait garée celle de Lucie, la mère de Momo, si elle en avait une. Mais monsieur Laliberté ne vient pas d'entrer dans la maison, puisqu'il est là, en train d'ouvrir la portière avant de repartir.

Et Momo a une idée d'invention géniale : une porte qui ferait un bruit différent, selon qu'une personne entre ou sort de la maison. Par exemple, une cloche en entrant et une sirène pour la sortie.

Comme la maison n'est pas en feu, il y a une explication très simple à la venue du chef des pompiers : il est venu porter quelque chose à Lucie. Ou, mieux encore, quelque chose à Momo, de la part de sa fille. Elle s'appelle Jessica, et Momo aime bien la considérer comme sa blonde même si elle a les cheveux plus bruns que blonds.

Il se dépêche de s'habiller et descend à la cuisine. Lucie est là, devant deux tasses de café, une à moitié pleine et une vide.

— Monsieur Laliberté est venu porter quelque chose ? demande Momo.

Lucie le regarde un moment comme si elle ne comprenait pas la question, avant de dire, en montrant du doigt *L'Écho de Bougainville*, sur la table :

— Oui, oui : le journal. Monsieur Lanteigne ne l'a pas livré ce matin, alors j'ai demandé à Roland de me l'apporter s'il passait par ici et de venir prendre un café.

C'est parfaitement logique : monsieur Laliberté est le directeur du service de prévention des incendies de Bougainville et de Saint-Romain-des-Champs, maintenant que les deux municipalités ont fusionné. Et il passe de plus en plus souvent par Sinro dans l'exercice de ses fonctions. Il arrive parfois qu'il vienne simplement dire bonjour à

Momo – et aussi à Lucie, parce qu'il est bien élevé.

C'est même rendu que Lucie l'appelle « Roland » au lieu de « monsieur Laliberté ». Momo trouve qu'il était temps. À son avis, les gens qui ont à peu près le même âge devraient tous se tutoyer et s'appeler par leur prénom, pas par leur nom de famille. C'est seulement aux plus vieux qu'on devrait dire « monsieur » ou « madame », et « vous ».

— Y avait rien pour moi ? demande-t-il.

— Pas ce matin, répond Lucie.

Il arrive parfois que monsieur Laliberté vienne porter à Momo un dessin ou un petit mot de la part de Jessica. Ou même qu'en entrant il dise à Momo quelque chose comme : « Je suis passé pour te dire que Jessica te rappelle de ne pas oublier qu'elle t'attend samedi. »

C'est ridicule, venir lui dire ça. Comme si Momo pouvait oublier un rendez-vous avec Jessica ! Ou si Jessica n'était pas capable de lui téléphoner elle-même pour le lui rappeler.

Mais les adultes aiment souvent se montrer utiles et faire les importants. « Est-ce que je vais être comme ça, quand je serai grand ? » se demande Momo.

Il n'y a qu'un moyen de le savoir, et c'est de devenir grand. Ça l'encourage à mettre dans son bol un peu plus de céréales que d'habitude.

Une bosse, ça rime avec des noces

Une partie de ballon-chasseur bat son plein dans la cour de l'école, pendant le cours d'éducation physique. Les élèves ne jouent pas souvent au ballon-chasseur, parce que deux ou trois des filles trouvent que les garçons leur lancent le ballon trop fort. Mais quand Stéphane Lefebvre, le prof d'éduc', décide qu'on fera de la course à pied, les mêmes filles disent que les gars courent trop vite. Et s'il leur demande de monter dans la corde à nœuds, elles chialent que c'est trop difficile.

Simon Dubois réclame souvent qu'on joue au ballon-chasseur. C'est lui le champion. Pour se moquer des filles qui n'ont pas envie de jouer, il leur lance le ballon tout doucement – comme à des filles, justement. Et elles font quand même exprès de ne pas l'attraper pour sortir du jeu plus rapidement.

Momo, lui, n'est pas du tout mauvais au ballon-chasseur. Il ne lance pas avec autant de force que Simon et n'est pas aussi bon attrapeur que lui. Mais personne ne le vaut pour esquiver le ballon. Il est souple comme un chat et rapide comme l'éclair. Il n'hésite pas à sauter dans les airs ou à se jeter par terre pour éviter de se faire éliminer.

Comme presque toujours, les deux mêmes joueurs se retrouvent face à face à la fin de la partie : Simon et Momo, chacun dans son camp. Il arrive parfois que le prof doive interrompre la partie sans qu'il y ait de vainqueur, parce qu'à ce moment-là, il n'y a plus que ces deux garçons à vraiment faire de l'activité physique. Derrière eux, les « vaches », les joueurs qui ont été éliminés mais qui peuvent encore attraper le ballon et le relancer quand il vient à eux, s'ennuient ferme. Si c'est encore Simon qui gagne, on pourra dire que c'est son équipe qui a triomphé, mais tout le monde – à commencer par le principal intéressé – saura que c'est la victoire de Simon.

Chaque fois qu'il attrape le ballon, il le relance si rapidement qu'il devrait forcément atteindre sa cible. Mais Momo s'écarte, bondit, plonge, saute, trouve toujours un moyen de ne pas être touché. Quand c'est une « vache » du camp de Simon qui relance le ballon à son tour depuis l'autre extrémité, il arrive parfois que Momo essaie de s'en emparer si le lancer est un peu mou. C'est d'ailleurs sa seule chance de faire gagner son équipe : attraper un ballon à moitié échappé et le relancer de toutes ses forces en direction de Simon, posté tout près de la ligne du milieu parce qu'il attendait plutôt une passe de son coéquipier.

Et c'est justement ce qui se produit en ce moment. Momo s'empare du ballon que deux adversaires se disputaient derrière lui et ont échappé dans la zone de son équipe. Il se retourne aussitôt et le lance dans les jambes de Simon. En visant très bas, parce que Simon a plus de mal à attraper un ballon près du sol. Mais pas cette fois. Simon reprend le ballon...

Le sifflet de Stéphane Lefebvre annonce la fin de la partie. Momo baisse les bras et Simon en profite pour faire un tir à bout portant, de même pas deux mètres, dans la poitrine de Momo, qui tombe sur le dos. Son crâne heurte l'asphalte de la cour de récréation.

Stéphane accourt. Momo est un peu sonné, mais pas au point de perdre connaissance. Il se redresse sur les coudes.

— Rien de cassé ? demande le prof.

— Non, je suis correct, répond Momo en se relevant et en se frottant le crâne. Mais je pense que j'ai une bosse.

Stéphane examine l'arrière de sa tête. Pas de quoi appeler l'ambulance.

— Va quand même au bureau de la directrice. Mais je suis sûr que tu auras oublié ça le jour de tes noces.

C'est une expression qu'on dit aux enfants pour leur signifier que leurs petits bobos ne dureront pas longtemps. Momo n'y ferait pas attention, mais Simon ajoute :

— Puis des noces, il paraît qu'il va y en avoir bientôt dans ta famille.

Le prof se tourne vers lui :

— Toi, Simon, quand c'est sifflé, c'est sifflé. Compris ?

Simon hoche la tête pour montrer qu'il a compris. Mais il adresse à Momo un petit sourire narquois.

Un ventre qui donne des coups, et une tour pas capitale

Amélie Rochon, la directrice adjointe, attend un bébé. Ça se voit depuis longtemps. Et Momo s'efforce de ne jamais regarder son ventre, parce que Lucie lui a dit que ça ne se fait pas, de braquer les yeux sur le ventre d'une femme enceinte. Pourtant, une femme qui attend un bébé devrait être fière d'elle et de son corps. Mais il paraît que ça peut la gêner. Momo regarde donc le plancher tout le temps qu'Amélie l'examine, ce qui ne prend que quelques secondes de toute façon.

— Tu as une petite éraflure en arrière de la tête. Je vais te désinfecter ça.

Penchée sur lui, Amélie lui applique du mercurochrome avec un cure-oreille.

— Même pas besoin de pansement. De toute façon, dans les cheveux, ça tient mal, les pansements.

Elle se redresse. Momo est assis devant elle et relève la tête. Et là, c'est impossible de ne pas voir ce gros ventre, qui prend toute la place devant ses yeux.

— Tu veux le toucher ? offre Amélie. Il vient de bouger. Il va peut-être recommencer.

Amélie connaît chaque élève de l'école et sait que Maurice Monette n'a ni petite sœur ni petit frère et n'a sans doute jamais eu l'occasion de palper un bébé dans un ventre.

— As-tu peur qu'il te mange ?

Momo avance un doigt, puis la main tout entière qu'il pose légèrement sur le ventre rond d'Amélie. On dirait un ballon bien gonflé. Et soudain il se produit un phénomène extraordinaire : quelque chose à l'intérieur donne un coup. Peut-être un coup de poing ? un coup de pied ? Impossible à dire, mais c'était un coup de quelque chose. Et en voilà un deuxième. Momo aurait envie de laisser sa main là toute la journée. Ou quelques minutes encore, mais Amélie ordonne :

— Allez, retourne en classe, maintenant. Tu auras tout oublié le jour de tes noces.

Momo enlève ses doigts de ce ventre si vivant. De ça, en tout cas, il va se souvenir toute sa vie.

— La capitale de la France, Maurice ? répète madame Beaulé.

Momo vient de se faire surprendre en flagrant délit de distraction. Et madame Beaulé prend parfois un malin plaisir à poser une question à un élève qui est dans la lune, histoire de le ramener sur terre.

— Tu es déjà allé en France, toi. Tu dois savoir ça.

Oui, Momo a pris l'avion pour la France, jusqu'à Nice plus précisément, où il a passé une semaine avec son père. Mais il était très loin dans la lune les deux fois que madame Beaulé lui a posé il ne sait quelle question. Il a tout juste remarqué le mot « France » et il répond à tout hasard la première chose qui lui passe par la tête quand il pense à ce pays :

— La tour Eiffel ?

La classe s'esclaffe, à commencer par Simon Dubois qui ne

connaît probablement pas plus le nom de la capitale de la France que le nom de la capitale du Québec.

— Est-ce que ça va, Maurice ? s'inquiète madame Beaulé, qui est au courant de l'incident de ballon-chasseur parce que Momo est arrivé en retard au début de la période.

— Ça va, je suis correct.

Madame Beaulé n'insiste pas. De toute façon, c'est la fin de la journée et Momo va rentrer chez lui où sa mère en prendra soin.

Momo, lui, se replonge aussitôt dans ses rêveries.

Qu'est-ce que Simon voulait dire par « des noces, il paraît qu'il va y en avoir bientôt dans ta famille » ? Ça ne peut signifier qu'une chose : il va bientôt y avoir des noces dans la famille de Momo. Et qui va se marier ? C'est évident : Lucie.

Comment Simon peut-il le savoir ? Parce qu'il fouine partout, écoute aux portes, se mêle de tout, sauf de ses affaires. Il ne se passe rien à Sinro sans qu'il soit le premier au courant.

Donc, quand Simon Dubois affirme que Lucie Monette va se marier, c'est parce qu'elle va se marier. Mais pourquoi n'en a-t-elle pas dit un mot à son fils ?

Momo trouve vite la réponse. C'est parce qu'elle a honte, évidemment. Quand son père, Manuel, s'est remarié, Lucie a déclaré qu'il fallait être stupide pour se marier une deuxième fois. Et elle a traité sa femme Brigitte d'idiote même si elle ne l'avait jamais rencontrée et n'avait pas parlé avec elle une seule minute au téléphone. Et maintenant, ce serait au tour de Lucie de se faire dire qu'elle serait stupide et idiote de se remarier.

Surtout, elle sait que son Maurice continue de rêver qu'un jour son père et sa mère vont se retrouver ensemble, avec lui aussi bien entendu, que ce soit dans la maison de Sinro ou à Nice, au-dessus du restaurant de Manuel, *Le loup jaloux*.

Momo n'a jamais parlé de ça à Lucie, mais il sait depuis longtemps que les mères devinent beaucoup de choses. Surtout Lucie.

Pas un désastre
ni une
catastrophe,
mais
un désastre
catastrophique !

Momo traîne la patte en rentrant à la maison. Comment pourrait-il empêcher le mariage de sa mère ?

Lui annoncer que ça ne lui plaît pas ? Il serait étonnant que ça donne des résultats. Lucie dit souvent qu'il n'est pas question de lui passer tous ses caprices.

Le pire, c'est qu'une fois Lucie remariée comme Manuel mais pas avec celui-ci, la possibilité qu'ils se retrouvent ensemble deviendra infiniment petite. Il faudrait alors qu'ils divorcent tous les deux presque en même temps – son père d'avec sa Brigitte et sa mère d'avec son...

Son qui ?

C'est à ce moment-là que Momo mesure l'étendue du désastre, parce qu'il approche justement de la maison de monsieur Pacossi.

Et quel est l'homme le plus susceptible d'épouser sa mère ?

C'est évident : monsieur Pacossi !

C'est lui qu'elle voit le plus souvent – bien plus souvent que le père de Jessica, par exemple. C'est un vieux voisin gentil, qui rend souvent des services à Lucie – comme lui rapporter son épicerie quand il va au supermarché de Bougainville, de l'autre côté de la rivière Saint-Romain. Momo aussi s'entend très bien avec lui. On pourrait affirmer que c'est son meilleur ami, même s'il a presque dix fois son âge. Et puis c'est un peintre célèbre, et Lucie a toujours eu un faible pour les artistes. Peut-être même qu'elle se dit qu'il est vieux et qu'un jour pas si lointain elle va hériter des dizaines de tableaux qu'il a chez lui.

Non, c'est impossible : Lucie n'est pas comme ça. Si elle veut épouser monsieur Pacossi, c'est parce qu'elle l'aime, pas pour autre chose. De toute façon, elle a bien le droit. Ça ne se décide pas, qui on aime et qui on n'aime pas. Si Momo, par exemple, est amoureux de Jessica, ce n'est pas parce qu'elle est une grande sportive ou qu'elle est belle et brillante, c'est parce qu'il l'aime, tout simplement. C'est comme ça. Peut-être même qu'il l'aimerait plus si elle était moins parfaite.

Que monsieur Pacossi soit amoureux de Lucie, ça se comprend

encore mieux. Comparée à lui, elle est très jeune. Elle est belle. Elle aime la lecture et les arts. Et elle est plus joyeuse que jamais depuis quelque temps. Pas étonnant que monsieur Pacossi veuille l'épouser.

Momo aimerait-il avoir monsieur Pacossi comme demi-père (ça doit être ça, puisqu'on dit demi-frère) ? Il l'apprécie, comme ami et comme voisin, mais comme demi-père, c'est moins évident. Par exemple, il est dur d'oreille. S'il se marie avec Lucie, ils devront vivre ensemble tous les trois et il faudra parler fort tout le temps. Mais où vont-ils habiter ? Dans la petite maison de Lucie ou dans la grande de monsieur Pacossi ? La réponse s'impose : dans la grande. Avec son mobilier vieillot et des tableaux partout – pas seulement des Pacossi, mais aussi de peintres qu'il a connus et dont il a parlé à Momo et à Lucie, des Français comme Dubuffet et des Québécois comme Bellefleur.

Momo aurait peut-être une chambre plus belle, plus grande. Avec la télévision par satellite et un lecteur de DVD dans sa chambre à lui ? Ce serait bien, ça.

Tout à coup, Momo est submergé par la honte : il est en train de songer aux avantages qu'il pourrait tirer, lui, du mariage de sa mère.

Pourtant, il y a à ce mariage un désavantage pire que tous ses avantages réunis. Si Lucie Monette épouse Alexandre Pacossi, Simon Dubois va rire de Momo. Il a d'ailleurs commencé, alors que ce n'est pas encore fait.

Et il n'y a pas que lui : tout le monde va se moquer de Momo, parce qu'il aura comme demi-père un artiste qui a toujours des taches de peinture sur son chapeau et dans sa barbe, et qui parle avec l'accent français et une voix de petit vieux.

Que Lucie se marie, ce n'est pas un désastre. Ils sont très bien comme ça, elle et Momo, mais ce serait commode d'avoir un homme à la maison, pour faire toutes sortes de travaux qu'il est trop jeune pour faire lui-même. De toute façon, Momo sera toujours le fils de Lucie et elle sera toujours sa mère.

Et si monsieur Pacossi se mariait, ce ne serait pas une catastrophe. Il n'y aurait aucune raison pour que Momo et lui ne restent pas amis malgré leur différence d'âge. Le vieux peintre dit souvent que ça le rajeunit de fréquenter des jeunes comme lui et Jessica.

Mais si Lucie Monette et Alexandre Pacossi se marient

ensemble, ce ne sera ni un désastre ni une catastrophe : ce sera un désastre catastrophique ! Parce que pour Momo le pire supplice imaginable, c'est de faire rire de lui.

Et dans ce cas, il y aura de quoi mourir de honte. Jusqu'au jour des noces de Momo et plus longtemps encore.

Cachez-vous, les taches, Momo arrive !

Pourquoi ne pas tirer ça au clair tout de suite ? Et peut-être, par la même occasion, essayer de glisser dans la tête du vieux peintre quelques arguments pour lui faire comprendre qu'à son âge épouser une femme aussi jeune que Lucie peut présenter certains désagréments. Lesquels ? Difficile à dire lorsqu'on n'a pas encore l'âge de se marier ni d'expérience sérieuse et prolongée dans le domaine des relations amoureuses. Momo pourrait faire penser à monsieur Pacossi que si jamais il a un bébé dans les bras, tout le monde va penser que c'est son arrière-petit-fils, pas son fils.

Mais un argument indiscutable vient de s'enfoncer dans le crâne de Momo avec la force d'un bec de pic-bois dans un tronc d'arbre : la façon la plus sûre de se séparer, c'est de commencer par se marier. Épouser Lucie, c'est courir au divorce. La meilleure preuve : elle a déjà divorcé une fois. Oui, Lucie est une divorceuse ! S'il peut convaincre son voisin de ce simple fait, la partie est gagnée.

Il monte sur la galerie de monsieur Pacossi, appuie sur la sonnette, attend deux minutes, sonne encore parce que le vieux peintre n'entend pas toujours du premier coup.

Enfin, le voilà qui ouvre la porte. Il tient dans les doigts de sa main droite trois pinceaux dont les soies sont couvertes de peinture de trois couleurs différentes, les mêmes qui décorent sa main gauche et, depuis une seconde, la poignée de la porte.

— Excusez-moi, dit Momo, je vous dérange ?

— Tu ne me déranges jamais. J'étais seulement en train de peindre.

— Je pourrais vous parler cinq minutes ?

— Oui, bien sûr. Il était temps que je fasse une pause, justement.

Momo constate que son vieil ami est plus gentil que jamais avec lui, maintenant qu'il veut devenir le mari de sa mère.

Il le suit dans son atelier, à l'arrière de la maison, en face de la rivière, là où la lumière est la meilleure, d'après l'artiste, qui dépose ses pinceaux dans un pot et s'essuie les mains sur un chiffon encore plus multicolore que sa palette, posée sur un tabouret.

— Qu'est-ce que tu en penses ?

Monsieur Pacossi veut connaître l'opinion de Momo sur son œuvre en cours ? Il est vraiment prêt à tout pour s'attirer les bonnes grâces de son futur demi-fils. Mais il tombe mal : Momo n'est pas d'humeur à mâcher ses mots, aujourd'hui. Il prend quand même le temps d'examiner le grand tableau, qui va presque du plancher au plafond. Il y a des taches rouges, des jaunes, des brunes. Momo sait que c'est de l'art abstrait, qui ne représente rien. Impossible de dire que ce n'est pas assez ressemblant, mais ce n'est pas une raison pour en dire du bien. D'autant plus qu'en ce moment il n'en a aucune envie. Et même si ces taches n'ont jamais fait de mal à personne, Momo décide de leur déclarer la guerre.

— Il y a trop de taches, décrète-t-il du ton catégorique d'un expert en art moderne.

— Vraiment ?

Monsieur Pacossi recule de trois pas, pour mieux examiner son œuvre. Il a l'air intrigué, puis ébranlé, puis consterné.

— Mais tu as parfaitement raison, Momo ! Je dirais même qu'il n'y a que ça : des taches.

Momo sourit. Comment pourrait-il y avoir autre chose que des taches dans cette collection de taches ?

— Je sais ce qu'il manque, constate l'artiste. Il n'y a pas assez de blanc. C'est ça qui donne l'impression de l'omniprésence des taches. Et, surtout, il manque d'ordre. Regarde : dans ce coin-là, il n'y a que du rouge, et dans celui-ci il n'y a que du jaune, alors que ce serait bien mieux s'il y avait un peu de jaune dans le rouge et un peu de rouge dans le jaune. De cette manière, le coin gauche répondrait au coin droit, comme une espèce de dialogue entre deux personnes différentes l'une de l'autre, mais qui se ressemblent quelque peu malgré tout. Tu es un génie, Momo !

Tout génial qu'il soit, Momo n'a rien compris, à part le fait que son voisin a envie de le flatter comme jamais pour lui dorer la pilule de son mariage avec Lucie.

— Mais tu m'as dit que tu voulais me parler ? Assieds-toi donc.

Momo cherche un siège à peu près propre, aperçoit une chaise sur laquelle les taches de peinture ont des chances d'être sèches, puisqu'il n'y en a pas de la même couleur dans le tableau. Monsieur Pacossi, lui, s'assoit carrément sur le tabouret où sa palette est posée.

— Je t'écoute.

— Vous avez déjà été marié, monsieur Pacossi ?

— Oui. Avec la mère de Mireille. Tu connais Mireille...

Momo se souvient de Mireille. Elle était venue à Sinro un été pour s'occuper de son père quand il s'était fait opérer aux yeux.

— Sa mère était comme elle, poursuit le peintre. Belle comme tu ne peux pas imaginer. Mais un sale caractère. Moi aussi, pour être tout à fait franc. Ça n'a pas duré dix ans. Mireille a eu beaucoup de peine quand nous nous sommes séparés. Et je me suis juré que jamais plus je ne me marierais.

— Et là, vous avez changé d'idée ?

— Moi ? Jamais ! Remarque, si j'avais trente ans de moins, je serais peut-être tenté de demander la main de ta mère. Mais à mon âge, je serais franchement ridicule, reconnais-le.

Momo hoche la tête. Oui, monsieur Pacossi serait presque aussi ridicule que le garçon qui est venu le dissuader de se marier alors qu'il n'en a pas l'intention.

— Mais je parle sans arrêt, continue monsieur Pacossi, alors que c'est toi qui voulais me parler. De quoi ? Allez, je t'écoute.

Momo n'a plus du tout envie de parler du sujet dont il était venu lui parler. Il cherche vite une autre idée, trouve seulement celle-ci, pas géniale du tout, mais il vient tout à coup de se rappeler la question que madame Beaulé lui posait tout à l'heure :

— C’est quoi, la capitale de la France ?

Monsieur Pacossi est consterné.

— Tu ne sais pas quelle est la capitale de la France ?

Momo fait semblant de ne pas être vraiment sûr de la réponse et de risquer :

— Paris, peut-être ?

— Bien sûr. C’est incroyable qu’on n’enseigne plus la géographie, alors que tout le monde prend l’avion tous les jours pour traverser les océans…

Momo le laisse ronchonner à son aise et s’éclipse sur la pointe des pieds. Il jette un coup d’œil derrière lui en quittant la pièce et aperçoit l’artiste debout, palette à la main. Son fond de culotte est gluant de peinture qui dégouline tandis qu’il regarde son futur chef-d’œuvre en se disant à haute voix :

— De l'ordre, mon vieil Alexandre, de l'ordre ! Et plus de blanc. Mais où est encore passée la peinture que j'avais sur ma palette ?

Il faut qu'une porte moustiquaire soit ouverte ou fermée

Ouf ! Pas question de mariage, donc. C'est ce farceur de Simon qui a blagué en faisant croire à Momo que Lucie allait épouser son voisin.

Pourtant non : Simon n'a pas du tout mentionné que monsieur Pacossi et Lucie allaient se marier. Il a seulement dit qu'il y aurait des noces dans la famille de Momo.

Si ce n'est pas Lucie, qui ça peut-il être ? Pas son père : il s'est remarié il n'y a pas longtemps. Un oncle, une tante ? Lucie a un frère et une sœur, qui habitent à Montréal. S'ils se mariaient ou se remariaient,

Simon Dubois n'aurait aucun moyen de le savoir.

Et c'est juste au moment d'ouvrir la porte moustiquaire de chez lui que la lumière se fait dans la tête de Momo. Si ce n'est pas Lucie et monsieur Pacossi qui se marient, c'est Lucie et quelqu'un d'autre.

Qui, alors ? À part monsieur Pacossi, monsieur Laliberté et les clients de la Coop où elle travaille, elle ne voit jamais d'homme.

Oui, ça ne peut être que lui : Roland Laliberté ! Il a fait la connaissance de Lucie peu après que Momo eut rencontré Jessica dans une randonnée à vélo. Et ils se sont revus à quelques reprises, en présence de Momo et de Jessica. C'est vrai qu'ils semblent bien s'entendre. Elle a même commencé à l'appeler Roland. Et ce matin, son Roland est sorti de la maison à sept heures et demie. Mais à quelle heure y est-il entré ? A-t-il passé la nuit avec Lucie ? Aurait-elle menti en disant à Momo qu'il était seulement venu porter le journal ?

Momo pourrait tirer ça au clair en téléphonant à monsieur Pacossi pour savoir si monsieur Lanteigne lui a livré son journal à l'heure habituelle, ce matin. Ou en demandant à Simon pourquoi il croit qu'il y a du mariage dans l'air chez les Monette.

Il nage en plein roman policier. Et les enquêtes, ça le connaît. C'est lui qui a retrouvé monsieur Pacossi quand il avait disparu et que la police n'y arrivait pas. Mais Momo n'a pas envie d'enquêter. C'est inutile. Il connaît la vérité, maintenant. On lui a menti. Pire : on l'a trahi.

Un homme a passé la nuit avec sa mère. Et cet homme-là n'est pas son père.

Oui, il est déjà arrivé deux fois qu'un homme passe la nuit à la maison. Mais Lucie n'en faisait pas un mystère. Elle le présentait à Momo au déjeuner, et on ne le revoyait jamais de toute façon.

La différence, cette fois-ci, c'est qu'elle ne lui a rien dit. Elle lui a même menti en prétendant que son Roland avait seulement apporté le journal et pris un café. Et si ce n'était pas la première fois ?

Voilà Momo convaincu que monsieur Laliberté est venu à plusieurs reprises retrouver sa mère en cachette alors que lui dormait dans son lit.

Pourtant, c'est impossible : Jessica se serait aperçue de quelque chose.

Et maintenant une idée plus terrible encore s'infiltre dans le cerveau de Momo : Jessica était au courant et elle ne lui a rien dit. Elle a été complice de ce mensonge. Elle aussi l'a trahi !

Toutes ces pensées se bousculent dans sa tête à une vitesse folle tandis qu'il tient la porte moustiquaire entrouverte, à se demander s'il va entrer ou s'il va fuir à toutes jambes cette mère cachottière...

— Voyons, Momo, ferme la porte. Les maringouins !

Il hésite encore une seconde. Va-t-il fermer la moustiquaire devant lui ou derrière ? Il aurait envie de partir, tout à coup. Peut-être d'aller retrouver son père et Brigitte. Au moins, eux, ils ne lui ont pas raconté d'histoires. Manuel s'est même donné la peine de téléphoner à Momo pour lui annoncer qu'il allait se marier...

Momo de Sinro ou Momo de Bougainville ?

Finalement, Momo a décidé de fermer la moustiquaire derrière lui. Donc, après être entré. Mais il doute fort de rester longtemps à la maison.

— Ah oui, dit Lucie, Jessica a téléphoné. Elle est inquiète. Il paraît que tu t'es blessé à l'école ? Montre-moi ça.

Momo penche docilement la tête devant sa mère en se disant que c'est la dernière fois.

— Rien qu'une éraflure, constate Lucie. Allez, téléphone à Jessica pour la rassurer.

Mais Momo ne se précipite pas sur le téléphone comme chaque fois qu'il doit rappeler Jessica. Il se traîne les pieds jusqu'à l'escalier et monte à sa chambre.

Lucie n'en croit pas ses yeux. On dirait que Momo est tombé sur la tête. C'est d'ailleurs vrai : il est tombé sur la tête. En tout cas, quelque chose ne va pas entre lui et Jessica. Mais elle ne s'inquiète pas trop. À cet âge-là, les querelles d'amoureux, ce n'est jamais très grave.

Mais oui, c'est grave ! En entrant dans sa chambre, Momo prend tout à coup conscience de la pire conséquence du mariage de sa mère et de monsieur Laliberté : il va devenir le demi-frère de Jessica.

À l'école, Justin Baretti, dans la classe de Momo, et Tania Mailloux, en première année, sont demi-frère et demi-sœur, tout le monde sait ça. La mère de Justin s'est remariée avec un monsieur Mailloux et elle a eu un autre enfant, Tania. Justin a expliqué à Momo que Tania et lui ne pourraient jamais tomber amoureux et que si ça leur arrivait un jour ils n'auraient pas le droit de se marier parce qu'ils sont à moitié frère et à moitié sœur.

Pour Momo et Jessica, ce ne sera pas tout à fait la même chose. Mais presque, puisque dorénavant ils vont partager le même demi-père et la même demi-mère.

Peut-être aussi vivront-ils dans la même maison. Les gens qui se marient habitent ensemble. Ils vont probablement s'installer tous à Bougainville, parce que la maison des Laliberté est bien plus belle et bien plus grande. Et puis ce ne serait pas commode pour monsieur

Laliberté d'être le chef des pompiers s'il déménageait à Sinro, parce que Bougainville est bien plus gros et a beaucoup plus d'incendies.

Le pire, c'est que tout le monde, des deux côtés de la rivière, appelle Maurice Monette Momo de Sinro. Il ne peut pas devenir Momo de Bougainville. Ça n'a pas de bon sens, Momo de Bougainville. Ça ne rime pas et juste à le dire on voit bien que ça ne tient pas debout.

Et puis Momo ne peut pas s'imaginer habitant dans la même maison que Jessica sans être marié avec elle. Et il ne pourra jamais se marier avec elle s'ils deviennent demi-frère et demi-sœur.

En plus, il n'a pas du tout envie de déménager de Sinro. C'est là que sont ses amis, son école, sa vie. Ne plus jamais voir Simon Dubois ?

Il s'ennuierait de ses tours pendables. Ne revoir monsieur Pacossi qu'une fois de temps en temps ? Ça aussi, ce serait dommage. Et qui va lui donner des conseils sur sa peinture, si Momo n'est plus là ? La carrière du vieux peintre est finie, assurément.

Mais le pire, c'est Jessica. Plus Momo y pense, plus il est convaincu qu'elle était au courant. Quand son père partait passer la nuit à Sinro, il fallait bien qu'il la prévienne et lui dise où le joindre en cas de problème. Elle ne pouvait pas ne pas savoir.

Et ça, Momo ne lui pardonnera jamais.

Il n'y a qu'une solution, et c'est l'idée qu'a eue Momo en refermant la porte moustiquaire : aller vivre en France, avec son père. Manuel s'est remarié, mais il n'en a pas fait un mystère. Et il ne s'est pas marié avec la mère de Jessica, ce qui aurait causé des tas de problèmes à son fils. Il s'est remarié avec une parfaite étrangère, une Française par-dessus le marché.

On frappe à la porte de sa chambre. Momo sait qui est là, mais il demande quand même :

— C'est qui ?

— C'est moi. Je peux entrer ?

— Oui.

Lucie s'avance dans la chambre. Pour la première fois depuis des années, elle aperçoit son fils, les larmes aux yeux.

— Qu'est-ce qui se passe, Momo ?

— Je veux aller vivre avec mon père.

Une seconde plus tard, c'est des yeux de Lucie que jaillissent des flots de larmes.

Les pieds dans les plats jusque par-dessus la tête

Lucie se mouche pour la dixième fois dans un mouchoir déjà bien trempé.

— Je savais que ça arriverait un jour. Mais j'espérais toujours que ce serait beaucoup plus tard. Peut-être quand tu irais à l'université. Si tu étais allé à l'université en France, ça m'aurait moins dérangée que maintenant.

Momo, lui, retient ses larmes. Il n'a pas envie de faire de la peine à sa mère, mais c'est un peu sa faute à elle, qui lui a menti et qui va se marier avec le père de sa blonde. Tant qu'à déménager à Bougainville, aussi bien déménager en France. Il découvrira un pays dont il n'a visité qu'une petite partie, pendant une semaine seulement. Il y a encore des tas de choses à voir, à commencer par Paris et la tour Eiffel. Il ira dans une nouvelle école. Il se fera de nouveaux amis. Une nouvelle blonde, peut-être – mais cette perspective le fait frémir. Non, il n'aura jamais d'autre blonde que Jessica, même si elle l'a trahi. Il préfère se passer de blonde pour toujours. Comme monsieur Pacossi, bien qu'il soit plus facile de prendre une décision pareille à quatre-vingts ans qu'à l'âge de Momo.

— Je n'aurais jamais dû te laisser y aller, se lamente maintenant Lucie. Je savais que Nice, la Côte d'Azur et pas de tempêtes de neige en hiver, ça te séduirait. C'est la faute de monsieur Pacossi. S'il n'avait pas offert d'y aller avec toi, je ne t'aurais jamais laissé partir.

Là, Momo trouve que monsieur Pacossi a le dos large. Ce n'est quand même pas sa faute si Lucie se marie. Elle continue :

— Connaissant les goûts de ton père en matière de femmes, je me disais qu'il serait marié à une chipie que tu détesterais, mais il faut croire que non.

Momo aurait envie de répliquer que les goûts de son père en matière de femmes ne sont pas si mauvais, puisque Lucie a été la première qu'il a épousée. Il se contente de laisser parler sa mère :

— Mais c'est à toi de décider, Maurice. Tu as bien réfléchi ?

Si Momo a bien réfléchi ? Oui, ça fait dix minutes qu'il ne songe qu'à ça en écoutant sa mère se lamenter. Et plus il y pense, plus il trouve que ce serait une bonne idée. Surtout qu'elle vient de lui rappeler qu'il n'y a presque jamais de neige, là-bas. La neige, il aime ça, mais il trouve les hivers trop longs parce que Jessica joue au hockey toutes les fins de semaine et il la voit moins souvent que le reste de l'année.

— Oui, j'y ai bien pensé.

Lucie prend un air déterminé, se mouche plus fort encore.

— Viens, on va téléphoner à ton père. Il est dix heures du soir là-bas, il vaut mieux ne pas trop tarder. On ne sait jamais, peut-être qu'il est incapable de te recevoir. Ou il ne veut pas. Ou sa Brigitte ne veut pas. Aussi bien en avoir le cœur net tout de suite.

Ils descendent dans la cuisine. Lucie ouvre son carnet d'adresses, décroche le téléphone, compose un long numéro.

— Je pourrais parler à Manuel, s'il vous plaît ?

Elle a dit ça d'une voix cassante. Momo devine qu'elle est tombée sur Brigitte, la femme de son père.

— Manuel ? Ton fils voudrait te parler. Je te le passe.

Et elle donne l'appareil à Momo, qui est bien embarrassé tout à coup. Il était convaincu que Lucie annoncerait la nouvelle elle-même.

— Bonjour, papa, c'est parce que…

Comment dire ça ? Est-ce qu'il doit y aller carrément : « Envoie-moi un billet d'avion et j'arrive dans une semaine » ? Ou demander la permission : « Ça te dérangerait si j'allais vivre avec toi ? » Il opte pour une solution intermédiaire :

— J'aimerais ça aller vivre chez vous.

Il y a un moment de silence au bout du fil.

— Tu veux dire tout le temps ? demande ensuite Manuel.

— Oui.

Un autre silence, plus long que le premier. Puis :

— Écoute, Momo, moi, je veux bien, mais ce n'est pas si simple. Dans les écoles, ici, on n'a pas le même système. Par exemple, c'est tout à l'envers, en France. Ils commencent en treizième année pour terminer en première. Je ne suis même pas sûr qu'on ait une chambre convenable pour toi. À part ça, il faut que j'en parle à Brigitte, tu comprends ?

— Oui.

— On y pense chacun de notre côté et je te rappelle demain, à la même heure. D'accord ?

— D'accord.

Momo raccroche.

— Qu'est-ce qu'il a dit ? demande Lucie.

Il ne sait pas quoi répondre. S'il dit : « Il faut qu'il en parle à sa femme », Lucie va être furieuse. Il se contente de hocher la tête tristement, et Lucie pense alors qu'il a lui aussi un peu de peine à l'idée qu'ils vont se séparer.

Elle le serre contre elle. Plus fort qu'elle ne l'a jamais fait. À l'étouffer, presque. Puis elle l'écarte à bout de bras et déclare, en souriant avec les yeux pleins de larmes :

— J'espère que tu vas revenir faire un tour à Sinro tous les ans. Moi aussi, je vais essayer de te rendre visite là-bas.

Momo cligne des yeux. Il est sur le point de pleurer, lui aussi. Mais pas pour la même raison.

Il vient d'annoncer à sa mère qu'il va vivre avec son père. Mais il n'est pas sûr que Manuel veut de lui.

Il comprend mieux que jamais l'expression « se mettre les pieds dans les plats ». Il y est même jusqu'au cou. Sinon par-dessus la tête.

Quand on ne
sait pas où aller,
on a l'embarras
du choix

Aussitôt mis au courant de la nouvelle, monsieur Pacossi arrive avec une pile de livres sur la France.

— Imaginez-vous donc, ma chère Lucie, que notre Momo m'a demandé cet après-midi quelle est la capitale de la France. Il faut qu'il se renseigne avant de partir.

Lucie regarde Momo avec étonnement : son fils passionné de géographie au point de connaître par cœur les capitales des pays européens, y compris Tbilissi et Zagreb, n'aurait pas su que pour la France, c'est Paris ? Momo confirme pourtant d'un signe de tête honteux.

Jessica arrive peu après, excitée elle aussi par la nouvelle.

— Mon père a dit que je pourrai aller te voir tous les étés.

— On ira ensemble, ajoute Lucie en s'efforçant d'être enthousiaste.

Et Momo imagine Lucie, Jessica, Roland Laliberté et Alexandre Pacossi qui débarquent tous ensemble chez son père... pour apprendre que Momo n'est pas là.

Parce qu'il a pris une décision : il va partir, c'est sûr. Mais pas à Nice, si son père ne veut pas de lui. D'ailleurs, peu importe où. Il a un passeport depuis son voyage en France. Il peut aller où il a envie. De préférence dans un pays au nom exotique. La Patagonie, la Zambie, l'Ouzbékistan, la Papouasie-

Nouvelle-Guinée, le Burkina. Il a l'embarras du choix. Il fera comme dans les livres d'aventures : il va se faufiler dans le port de Montréal, grimper dans un bateau en se hissant par une amarre à la force des poignets, se cacher dans une chaloupe de sauvetage et manger un biscuit par jour avec de l'eau de pluie recueillie dans une toile pour survivre jusqu'à destination. Il est vrai que s'il voyage en passager clandestin, il pourra difficilement choisir où il va. À moins de s'emparer du navire comme un pirate et d'exiger qu'on mette le cap sur Zanzibar ou Bornéo ? En tout cas, il faudra que ce soit un de ces épouvantables pays où l'on fait travailler les enfants, s'il veut parvenir à gagner sa vie…

— À quoi tu penses, Momo ? demande Jessica.

Il sort de sa rêverie. Il est assis à la table de la salle à manger. Lucie parle avec monsieur Pacossi. Et Jessica s'est penchée vers lui et le regarde avec inquiétude.

— À rien. Et toi ?

— Moi, je pense que ça me fait beaucoup de peine que tu partes si loin.

Entendre ça attriste Momo encore un peu plus. Et lui fait un peu plaisir aussi.

Lucie a préparé des pâtes et ils ont mangé tous ensemble. Roland Laliberté est venu les rejoindre après avoir éteint un feu de cheminée dans le rang à l'arrière de Sinro.

— C'est quelqu'un qui voulait savoir s'il y avait de la créosote dans sa cheminée. Alors, il a fait un feu… et le feu a pris !

Tout le monde rigole d'autant plus que l'incendie n'a pas causé de gros dégâts. Tout le monde, sauf Momo. Monsieur Laliberté s'en rend compte et lui demande :

— Quelque chose te tracasse, Momo ?

Sans trop savoir ce qu'il lui prend, mais en sachant qu'il est incapable de mentir une seconde de plus, Momo répond :

— Je ne veux pas aller chez mon père.

Écoutez, tout le monde : Momo va parler

C'est la consternation autour de la table, où ils se sont réunis pour fêter le projet de départ de Momo. Et pourtant, malgré leur étonnement, ils semblent tous réjouis – surtout Lucie, mais peut-être encore plus Jessica, qui sourit bien plus largement qu'une minute plus tôt.

— Mais c'est toi qui voulais y aller ! s'étonne Lucie.

— C'est parce que tu vas te marier avec le père de Jessica, bredouille Momo.

— Mais il n'est pas du tout question..., proteste Roland Laliberté.

Lucie intervient sur un ton qui n'admet pas de réplique :

— Roland, laisse-le dire ce qu'il a à dire. On ne l'écoute pas, il peut bien ne jamais parler. Oui, Maurice, raconte-moi tout et si quelqu'un t'interrompt, je vais me fâcher pour de vrai.

Momo ne se fait plus prier pour donner les détails de son histoire, à commencer par la remarque de Simon Dubois au sujet de noces prochaines dans la famille. Roland Laliberté lui coupe encore la parole :

— Je l'ai aperçu à bicyclette quand je suis arrivé hier soir. Il revenait de la pêche à la barbotte, il avait une canne à pêche. Je lui ai dit que c'était dangereux de rouler à vélo après le coucher du soleil. Il m'a vu entrer ici et il a pensé…

Cette fois, Lucie passe près de se mettre en colère :

— Roland, veux-tu bien laisser parler Maurice ?

Il se tait et Momo continue, en racontant qu'il a d'abord cru que Lucie allait se marier avec monsieur Pacossi.

— Mais c'est ridicule, je suis trop vieux ! s'exclame le peintre.

— Laissez-le parler ! ordonne Lucie.

Momo continue. Il a fini par comprendre que monsieur Laliberté avait pu dormir ici la nuit dernière et peut-être d'autres fois aussi. Il en a conclu que le père de Jessica allait épouser Lucie et qu'ils déménageraient tous ensemble à Bougainville.

— On n'a jamais parlé… proteste Roland Laliberté avant d'apercevoir le regard assassin que lui lance Lucie.

Momo poursuit en parlant de sa crainte d'avoir Jessica comme demi-sœur et qu'on ne peut pas être amoureux de sa demi-sœur et alors il a pensé que la meilleure solution, ce serait d'aller vivre chez son père, même s'il n'en a pas envie. Mais comme ça, Jessica pourrait continuer d'être sa blonde et personne ne pourrait rien dire.

Il se tait. Il a à peu près tout raconté. Il a seulement oublié d'ajouter qu'il s'était senti trahi par Jessica. Ou il n'a pas voulu en parler parce qu'il a trop honte d'avoir été trahi.

Il y a un long moment de silence. Tout le monde sait que c'est au tour de Lucie de parler. Alors, elle prend quelques secondes pour réfléchir avant de commencer:

— Écoute, Maurice, il n'a jamais été question que Roland et moi, on se marie. Nous nous aimons, je pense. Et il est arrivé quelquefois qu'il passe la nuit avec moi. En cachette de toi, c'est vrai. Parce que j'ai vu quelle tête tu as faite les deux fois où j'ai eu un homme ici après le départ de ton père.

— Quelle tête j'avais ?

— Tout simplement la tête d'un garçon qui n'a pas envie que sa mère ait un autre homme dans sa vie.

— Jessica le savait, elle, objecte encore Momo.

— Est-ce je peux interrompre une seconde ? demande timidement Roland Laliberté.

D'un signe de tête, Lucie lui donne la permission de prendre la parole.

— Je l'ai dit à Jessica parce que c'est elle qui m'a cassé les oreilles pendant des semaines en me parlant de la mère de son Momo –

combien elle était belle et fine et tout ça. C'est tout juste si elle ne m'a pas dit qu'elle serait la remplaçante parfaite pour sa mère à elle.

Momo sait que Jessica était petite quand sa mère est décédée à la suite d'une longue maladie. Et il est vrai que Jessica s'entend très bien avec Lucie. Mais il n'avait jamais imaginé qu'elle voudrait l'avoir comme deuxième mère – ou plutôt comme première demi-mère.

Lucie reprend :

— Roland et moi, nous allons continuer à nous voir. Pendant combien de temps ? On verra bien. Mais nous n'allons pas vivre ensemble. Et encore moins nous marier. Je n'ai pas envie de risquer de te faire subir une nouvelle séparation. Je ne dis pas qu'un jour... Si jamais nous voulions un enfant à nous deux, par exemple. Mais vous seriez les premiers à le savoir, toi et Jessica.

— Ce jour-là, poursuit Roland, c'est à toi, Momo, que je vais demander la main de ta mère. Et tu auras le droit de me la refuser. À condition d'avoir des bonnes raisons.

Cela fait rire tout le monde. Même Momo daigne enfin sourire.

— Tu me pardonnes ? demande Lucie.

— Oui.

À elle, il est prêt à pardonner, mais pas à n'importe qui.

— J'ai une idée, propose alors monsieur Pacossi. La semaine prochaine, c'est la fête des Patriotes. Nous devrions faire une fête. Pas pour un mariage, mais comme pour un mariage. On pourrait appeler ça une fête de non-mariage.

— D'accord, acquiesce monsieur Laliberté. Mais à condition que ce soit aussi pour fêter le non-départ de Momo.

La proposition est adoptée à l'unanimité (avec une abstention, celle de Momo, que personne n'a remarquée parce qu'il n'a pas levé la main quand Lucie a demandé si quelqu'un avait une objection).

C’est aussi la fin pour Momo de Nice

lui aussi sait que Momo attend l'appel de son père.

De toute façon, si Momo est en retard d'une heure, Manuel va le rappeler une heure plus tard. Aussi bien faire face à la musique sans tarder. Il rentre donc sans détour et sans trop se traîner les pieds.

— Tu n'oublies pas que ton père doit téléphoner ? lui rappelle encore Lucie en l'entendant arriver.

Il monte à sa chambre. Il est quatre heures moins vingt. À quelle heure a-t-il parlé à son père, hier ? Il aurait dû noter l'heure exacte, parce qu'il sera incapable de faire ses devoirs ou d'ouvrir un livre tant que le téléphone n'aura pas sonné. Il ne peut que regarder son réveille-matin, comme si c'était lui qui allait sonner. Et c'est incroyable comme le temps passe lentement quand on a les yeux sur une horloge. Ça doit être ça, la théorie de la relativité dont tout le monde parle tant.

Malgré les efforts conjugués d'Albert Einstein et de Maurice Monette, le temps continue de passer lentement. Après plusieurs heures à regarder le réveil, Momo s'aperçoit qu'il est enfin quatre heures et quart. Encore quelques heures plus tard, et voilà cinq heures qui arrivent. Il n'était pas cinq heures lorsqu'il a téléphoné à son père, hier, Momo en est presque sûr.

Ouf! Manuel a oublié. Mieux encore: Brigitte n'est pas d'accord pour que Momo déménage avec eux. Et cela règle son problème. Ce qu'il redoute maintenant, ce n'est pas que son père ne veuille pas l'accueillir. C'est le contraire: que Manuel soit content de l'avoir chez lui, alors qu'il n'a plus envie d'y aller.

Il n'est pas facile, pour un garçon comme Momo, d'annoncer à son père qu'il a changé d'avis. « Pourquoi ? » va demander Manuel. Eh bien, parce que Lucie ne se marie pas, finalement. Et Manuel va ensuite demander à Momo si c'est uniquement parce que sa mère se mariait qu'il voulait déménager chez lui. Et Momo va être très embarrassé. D'une manière ou d'une autre, il devra rejeter son père. Et il sait comment il aurait lui-même réagi, hier, si Manuel avait carrément refusé quand il lui a demandé s'il pouvait aller vivre chez lui.

Momo se rend compte maintenant qu'il y a pire qu'être rejeté : c'est de rejeter quelqu'un.

Voilà que le téléphone sonne, dans le salon. Lucie va répondre. De toute façon, ça peut être n'importe qui. Son nouvel amoureux, par exemple. Ou monsieur Pacossi. Ce n'est ni l'un ni l'autre, puisqu'elle crie :

— Maurice, c'est pour toi.

Même ça, ça ne prouve rien. C'est peut-être Jessica qui voudrait, justement, savoir comment ça s'est passé, l'appel de son père. Momo va être ravi de répondre que Manuel a oublié de rappeler, mais qu'il ne lui en veut pas du tout, bien au contraire.

Il n'est pas encore au pied de l'escalier que sa mère lui tend le téléphone en mimant silencieusement avec sa bouche trois mots qu'il est impossible de ne pas comprendre : « C'est ton père. »

— Allô ?

— Comment ça va, Momo ?

— Pas trop mal.

— Écoute, j'en ai parlé avec Brigitte, et finalement on est plutôt d'accord. On attend un bébé, maintenant, et ça va nous compliquer la vie, tu comprends. Mais on devrait être capables de se débrouiller. Y a juste une chose. Tu sais, changer de pays, ce n'est pas si facile. Alors, il faudrait que tu sois vraiment sûr de ton coup. Ce serait bien que tu réfléchisses encore un peu.

Momo aurait presque envie de reporter le problème à plus tard en disant qu'ils en reparleront la semaine prochaine. Non : il doit foncer. Sinon le temps va prendre dix ans à faire passer les sept jours qui viennent.

— C'est tout réfléchi, dit-il.

— Ah bon ?

Son père aura de la peine, pensera que Momo le rejette, qu'il ne l'aime plus, ou qu'il en veut à Brigitte, maintenant qu'ils lui ont fait un petit demi-frère ou une petite demi-sœur. Mais il n'a pas d'autre solution que d'annoncer sans plus tergiverser :

— Ce serait mieux si je restais à Sinro.

Momo s'attend à ce que son père soit désolé, qu'il pleure ou presque. Ou qu'il insiste encore, lui rappelle qu'il ne neige jamais à Nice et qu'il le voit très bien, un jour, le remplacer comme patron du *Loup jaloux*. Mais non : Momo entend quelque chose qui ressemble plutôt à un soupir de soulagement. Manuel ajoute aussitôt :

— Je te comprends, Momo. Oui, tu es bien mieux avec ta mère. Et avec tes amis, comme ce monsieur… comment il s'appelle déjà, le peintre ?

— Alexandre Pacossi.

— Oui. Pour te parler franchement, nous aussi, ça nous

simplifie la vie. J'espère au moins que tu vas venir voir ton petit frère – ou ta petite sœur. Peut-être pas l'an prochain, mais l'été suivant...

Manuel continue à parler joyeusement. Et Momo constate qu'il l'a échappé belle, en évitant de devenir Momo de Nice, qui ne rime pas plus que Momo de Bougainville.

— Dis bonjour à Lucie, fait enfin Manuel avant de raccrocher.

Lucie a attendu dehors, sur la galerie, pour ne pas écouter la conversation même si elle n'en aurait entendu que la moitié. Mais c'est encore pire, une moitié de conversation, parce qu'on peut tout comprendre de travers. Elle avait surtout horriblement peur que Manuel parvienne à convaincre Momo d'aller vivre avec lui.

— Et puis ? demande-t-elle en rentrant dans la maison. Comment ça a été ?

— Pas mal.

— Qu'est-ce que tu fais ?

— Je reste.

Lucie sent des larmes lui monter aux yeux, mais cette fois ce sont des larmes de joie. Elle s'approche de Momo, le serre contre elle.

— Et lui, comment il a pris ça ?

Momo ouvre la bouche pour dire que son père semble plutôt content de la tournure des événements. Mais alors Lucie va être fâchée contre Manuel et va penser que c'est la faute de Brigitte. Pas question non plus de dire qu'ils attendent un bébé. Ça risque de donner des idées à Lucie. Il préfère répondre tout simplement :

— Pas trop mal. Il te fait dire bonjour.

Un non-mariage, ça mérite un non-discours

Finalement, c'est une fête un peu plus simple que prévu.

Pour commencer, les maringouins sont sortis en masse depuis quelques jours. Pas question de rester à l'intérieur s'il fait beau, et la gloriette de monsieur Pacossi ne peut pas accueillir des douzaines de personnes.

— On va fêter ça en famille, a alors décidé Lucie.

Et monsieur Pacossi a été très flatté d'être dorénavant considéré comme un membre de la famille. Il a fait appel à l'un des meilleurs traiteurs de Montréal.

— Ça va coûter trop cher, a protesté Lucie quand il lui a annoncé cette décision.

— Je viens de vendre mon grand tableau. Et à un bon prix. C'est grâce à Momo, qui m'a dit qu'il y avait trop de taches. J'ai mis un peu d'ordre et beaucoup de blanc. Et je lui ai donné pour titre « Maurice avait raison ». Soit dit sans vouloir me vanter, c'est un de mes chefs-d'œuvre. Alors, je vous dois bien ça, à vous et à Momo.

Tous se régalent donc de canapés au foie gras, de sushis et d'un koulibiac (un saumon entier en croûte), dans la gloriette au bord de la rivière.

Lucie est superbe. Elle n'a jamais eu l'air si jeune (du moins depuis que Momo la connaît). Elle s'est taillé une robe jaune, avec des fleurs brodées, et s'est mis dans les cheveux des vraies fleurs qui ressemblent à celles de la robe. Quand elle a vu Jessica arriver avec une robe de la même couleur et des fleurs dans les cheveux elle aussi, elle s'est exclamée en riant :

— On a l'air de deux demoiselles d'honneur !

Jessica a expliqué à Momo que dans les vrais mariages chics il y a des demoiselles d'honneur, qui s'habillent toutes de la même manière.

Le père de Jessica est là, évidemment. Il a pris congé, même s'il a son téléavertisseur prêt à sonner à la moindre alerte. En cette saison, il y a parfois des feux de broussailles allumés accidentellement par des gens qui font brûler des feuilles par exprès, même si c'est interdit.

Monsieur Pacossi a acheté du champagne et il est presque le seul à en boire parce que le chef des pompiers est sur appel et Lucie n'en boit pas elle non plus.

Mais il insiste et tout le monde remplit son verre au moins à moitié pour porter un toast. Et il tient à se lever alors qu'on lui dit de rester assis. Il n'a pas de texte écrit, mais c'est tout comme, parce qu'on sent qu'il a bien préparé ce qu'il appelle son « non-discours ».

— Quand on a mon âge, le plus difficile, c'est d'avoir des amis qui ne soient pas aussi vieux qu'on l'est soi-même. Et moi, j'ai une chance incroyable. Dès le jour où je me suis installé dans cette maison, j'ai fait la connaissance de la plus charmante des voisines. Elle est venue me demander si j'avais besoin d'aide. Et elle s'est empressée de répondre à toutes mes questions. Par exemple, quel est le jour de l'enlèvement des ordures ? Et je crois qu'elle me l'a dit quatre ou cinq fois, toujours avec le sourire, parce que je n'arrivais jamais à me souvenir que c'est le jeudi.

— Non ! le vendredi ! s'exclame Lucie en riant.

— Oui, c'est vrai : le vendredi. Et c'est Lucie qui m'a aussi envoyé son grand Maurice, ce cher Momo qui a transformé cette modeste gloriette en chef-d'œuvre architectural.

Momo aurait envie d'expliquer que c'est par accident s'il n'a pas teint la gloriette comme il devait le faire lors de ce qu'il convient d'appeler son premier boulot. Mais il a décidé de ne pas dire un mot, aujourd'hui. Monsieur Pacossi continue son non-discours.

— Je suis content de fêter son non-départ pour le pays qui m'a vu naître et qu'il a un petit peu découvert avec moi. C'est aussi Momo qui m'a fait rencontrer Jessica, si belle et si talentueuse. Puis son père, Roland. Et il est toujours bon, à mon âge, de connaître le chef des pompiers, parce qu'on ne sait jamais quand on aura besoin de lui pour éteindre un feu de broussailles ou de cheminée. Quand on le connaît, les pompiers n'arrivent pas plus vite, mais on se fait moins chicaner…

Nouveaux éclats de rire, que savoure le vieux peintre avant de terminer :

— Et me voilà maintenant très fier d'être entouré de tant de jeunes, moi qui ne le suis plus depuis longtemps. J'espère que vous vous rappellerez toujours, même des années après que je serai disparu, qu'un jour un vieux peintre a levé son verre en vous disant : « Soyez heureux, c'est comme ça que je vous aime. »

Monsieur Pacossi joint le geste à la parole et fait tinter sa flûte contre celle de chacun des convives, qui font de même les uns avec les autres. Puis il vide la sienne d'un trait.

Roland et Lucie l'imitent, car ils ont pris soin de ne remplir la leur qu'à moitié. Momo trempe ses lèvres dans le champagne. C'est plein de bulles piquantes, mais ça n'a pas si mauvais goût pour du vin.

Monsieur Pacossi a deux larmes qui coulent, sur chacune de ses joues. Il les essuie avec sa manche. Momo aussi sent qu'il est sur le point de pleurer. Pas pour les mêmes raisons. Il vient de songer qu'un jour son vieil ami « disparaîtra », comme il dit, et ça laissera un grand vide dans sa vie, malgré Lucie et Jessica, et Roland aussi maintenant. Il dépose son verre sur la table, détourne la tête.

— Qu'est-ce qu'il y a, Momo ? demande Jessica au creux de son oreille.

— C'est le champagne. Les bulles, ça me picote les yeux.

Jessica n'en croit rien, mais ne le contredit pas. Elle prend sa main et la serre très fort.

— Et voilà le dessert ! annonce monsieur Pacossi.

Ses convives se retournent, voient approcher le garçon de service en chemise blanche (il a fallu insister pour qu'il consente à enlever sa veste noire par cette première journée chaude de l'année). Il dépose sur la table un gâteau à étages. Un vrai gâteau de mariage, avec un couple miniature au sommet : un homme en tenue de soirée et une femme en robe blanche.

Tout le monde éclate de rire et monsieur Pacossi explique en souriant :

— Je leur ai demandé un gâteau de non-mariage, mais ils n'en avaient pas. J'ai bien été obligé de prendre celui-là.

Lucie et Roland, comme les vrais mariés dans les films, se lèvent et entreprennent de découper le gâteau en tenant le même couteau d'une main chacun.

La fête continue. Lucie supplie monsieur Pacossi de ne pas ouvrir une deuxième bouteille de champagne :

— Vous avez bu la première presque tout seul. Vous allez le regretter demain matin.

— La première, c'était pour fêter le non-départ de Momo. Celle-ci, c'est pour fêter votre non-mariage.

Jessica, qui était toute joyeuse au début, l'est de moins en moins parce qu'elle constate que Momo ne l'est pas du tout, lui.

— Momo, si on allait marcher ? propose-t-elle.

— Oui, faites ça, les jeunes, vous devez en avoir assez des conversations de vieux, dit monsieur Pacossi, qui a peut-être bu un peu plus qu'il n'aurait dû.

La preuve, c'est qu'il laisse Lucie lui enlever la bouteille qu'il s'apprêtait à déboucher.

Deux cailloux et autant de promesses

Momo et Jessica ont marché le long du chemin jusqu'à la halte routière. Ils sont descendus au bord de l'eau. Momo a pris un caillou, l'a lancé dans la rivière. Le caillou a fait quatre ricochets à la surface avant de disparaître.

Jessica en ramasse un à son tour. Momo grimace. Il est prêt à parier que celui-là va rebondir cinq fois au moins. Elle fait toujours tout mieux que lui. Non: le caillou de Jessica ne ricoche que deux fois, puis s'enfonce dans l'eau. « Elle a fait exprès », songe Momo. Mais peut-être pas, puisqu'elle dit aussitôt:

— Zut !

Elle s'assoit sur un tronc d'arbre abattu par la foudre. Momo va prendre place à côté d'elle, mais pas trop proche, en tout cas pas aussi près que Jessica l'aurait voulu, car elle demande :

— Dis donc, Momo, est-ce que je t'ai fait quelque chose ?

Il secoue la tête, mais ça ne convainc pas du tout Jessica. Elle demande encore :

— C'est à cause de mon père et de ta mère ?

— Non.

À bien y penser, Momo est finalement plutôt content que ce soit le père de Jessica qui épouse Lucie. D'abord, ils ne se marient pas vraiment. Pas tout de suite, en tout cas. Il n'est même pas question qu'ils déménagent tous ensemble. Surtout, Roland Laliberté est gentil, bien plus sympathique que les autres hommes qui ont passé une nuit à la maison. Et puis Momo va sûrement voir Jessica plus souvent, si leurs parents se fréquentent. Pourquoi il n'y aurait pas un enfant qui serait leur demi-frère ou leur demi-sœur à tous les deux – pas comme celui de Manuel et Brigitte, qui sera le demi-petit frère de Momo tout seul ? Il commence à trouver que ce ne serait pas une si mauvaise idée.

Jessica poursuit son interrogatoire :

— C'est à cause de monsieur Pacossi ? Toi aussi, tu as pensé qu'il va mourir un jour ?

Momo secoue la tête. C'est vrai qu'il y a songé. Mais ce n'était pas la première fois et surtout ce n'est pas ça qui l'attriste aujourd'hui.

Jessica change de ton. Elle est fâchée. Ou fait semblant.

— Écoute, Momo, j'aimerais ça, savoir ce que tu penses. Je passe mon temps à essayer de le deviner. Si tu as quelque chose à me dire, dis-le. Sinon, je retourne avec les autres.

Momo hésite encore. Non, il n'a pas du tout envie de dire ce qu'il devrait dire. Il préfère se taire et souffrir en silence. Mais Jessica se lève, commence à remonter vers la route. Elle s'en va. Pour toujours, peut-être. Pas dans le sens qu'il ne la reverra jamais, mais dans le sens que ce ne sera plus de la même manière.

Il n'a pas le choix…

— Attends, je vais te le dire.

Jessica revient s'asseoir à côté de lui. Momo prend une grande respiration et avoue enfin :

— C'est parce que tu m'as trahi.

— Qu'est-ce que tu racontes ?

— Tu le savais, toi, que ton père venait dormir chez nous. Tu aurais dû me le dire.

— Mais c'était pour éviter de te faire de la peine. Lucie sait que tu es très attaché à ton père. Si ça avait duré seulement quelques jours avec mon père, ça t'aurait inquiété pour rien. Elle m'a demandé d'attendre, pour t'en parler, qu'ils soient un peu plus sûrs de ce qui se passe entre eux. Moi aussi, j'ai pensé que c'était mieux comme ça.

— N'empêche que tu m'as trahi, s'obstine Momo.

— C'est un grand mot, ça. Mais bon, je suis prête à admettre que j'aurais dû t'en parler. Je peux même te promettre de ne plus jamais te mentir.

L'idée ne déplaît pas à Momo. Il sait qu'il exagère quand il dit que Jessica l'a trahi. Elle ne lui a même pas menti. Elle lui a seulement caché quelque chose. Mais ça et mentir, ça se ressemble beaucoup.

— Tu vas aussi cesser de me cacher des choses ?

— Oui, Momo. Finis, les secrets. Mais à une condition...

Voilà que Momo redevient méfiant. Une promesse avec une condition, est-ce une promesse comme les autres ? Tout dépend de la condition.

— Laquelle ?

— Que toi aussi, tu cesses de me cacher des choses. J'en ai assez d'être obligée de te tirer les vers du nez. J'aimerais que tu me dises ce que tu penses, au lieu de répondre « pas trop mal » chaque fois que je te demande comment ça va. Quand tu as imaginé que mon père et ta mère allaient se marier, tu aurais dû m'en parler. Je t'aurais dit ce que je savais.

Jessica voudrait que Momo lui dise toujours ce qu'il ressent ? Avouer qu'il est jaloux, qu'il a de la peine, qu'il est en colère ? Ce n'est pas du tout son genre. Il est timide et il aime bien garder ses états d'âme pour lui. Surtout, justement, quand il a de la peine ou qu'il est colère. Et encore plus s'il est jaloux. Mais peut-être qu'il ne devrait pas.

— Et tu es pareil avec les autres, continue Jessica. Par exemple, est-ce que ta mère sait si tu aimerais ça ou non qu'elle se marie avec mon père ? Ou qu'elle vive avec lui ? Ou juste qu'ils sortent ensemble ? Est-ce que tu lui as dit ?

Momo est incapable de répondre. Pour deux raisons : la première, c'est qu'il ne sait plus trop si ça lui ferait plaisir ou non. La deuxième, c'est qu'il doute d'être capable d'en parler à Lucie, même s'il le savait.

Jessica n'attend pas la réponse de Momo pour donner la sienne :

— Moi, j'ai dit à mon père que c'est à lui de décider, mais que ça me ferait plaisir d'avoir Lucie comme deuxième mère. Je lui ai juste demandé si ça changerait quelque chose entre toi et moi. Et il m'a juré que ça ne changerait rien. Ils auraient beau se marier et on serait élevés ensemble sous le même toit, on ne sera jamais frère et sœur, ni demi-frère et demi-sœur, ni quart de frère… Il n'y a même pas de mot pour dire ce qu'on serait l'un pour l'autre.

Momo commence à comprendre. Si c'est comme ça, il est tout à fait prêt à annoncer à Lucie qu'il serait content qu'elle se marie avec son Roland. Mais que c'est à elle de décider.

— Je vais lui dire que ça ne me dérange pas.

Jessica passe à un doigt de se mettre en colère.

— Tu es vraiment bouché, Momo de Sinro ! Tu penses que c'est assez, de dire à Lucie si ça te dérange ou pas ? Il faut lui dire si ça te plaît ou si ça te déplaît. Après, elle fera ce qu'elle voudra. Mais au moins elle va savoir ce que tu en penses, toi.

C'est peut-être difficile à croire, mais Momo a enfin compris. Dès ce soir, il va dire à Lucie qu'après avoir bien réfléchi, il serait content d'avoir Roland comme demi-père ou quelque chose d'approchant.

— J'ai compris, murmure-t-il. Je vais lui dire ce que je pense. Promis.

— Et avec moi, comment tu vas être ? Moi aussi, tu vas me dire ce que tu penses ?

Momo prend une profonde respiration et annonce :

— D'accord, je promets de tout te dire si tu me promets que toi aussi, tu vas tout me dire.

— Promis.

Ils se regardent maintenant dans les yeux. Ils viennent d'échanger une vraie promesse. Pas une promesse d'enfants qui jurent de rentrer à la maison tout de suite après l'école mais qui vont jouer avec leurs amis au lieu d'aller faire leurs devoirs. C'est une vraie promesse de jeunes qui s'en souviendront longtemps. Peut-être toujours.

Il est maintenant facile de deviner que dans un instant Jessica et Momo vont s'embrasser. Comme à la fin d'un film. Mais il y a toutes sortes de baisers dans les films. Est-ce que ce sera un petit bec ou un gros ? Sur le front, sur la joue ou sur la bouche ? Rapide ou prolongé ? Un seul ou plusieurs ?

C'est triste à dire, mais cela ne nous regarde pas.

Pie de la Cuesta (Mexique),
de janvier à mars 2006.

Fiches d'exploitation pédagogique

Vous pouvez vous les procurer sur notre site Internet à la section jeunesse / matériel pédagogique.

www.quebec-amerique.com